LA RÉORGANISATION MAROCAINE

MAROCAINE

PAR

LE COMMANDANT EDMOND FE]

RAPPORT AU COMITÉ DU MAROC

Prix : 1 Franc

PUBLICATION

DU

COMITÉ DU MAROC

21, Rue Cassette, Paris.

1905

COMITÉ DU MAROC

Président d'honneur : M. Eug. ÉTIENNE, Ministre de la Guerre.

Président : M. GUILLAIN, Vice-Président de la Chambre des Députés.

Trésorier : M. René FOURET.

Membres : MM.

E.-M. DE VOGUÉ, Membre de l'Académie Française, Vice-Président du Comité de l'Afrique Française;

AUGUSTIN BERNARD, Professeur de Géographie de l'Afrique du Nord à la Sorbonne;

Prince Roland BONAPARTE;

Paul BOURDE;

Comte A. DE CASTRIES;

J. CHAILLEY, Secrétaire général de l'Union coloniale;

J. CHARLES-ROUX, ancien Député;

Le Général DERRÉCAGAIX;

S. DERVILLÉ, Président du Conseil d'administration de la Compagnie Paris-Lyon-Méditerranée;

O. HOUDAS, Professeur à l'Ecole des Langues Orientales vivantes;

Lucien HUBERT, Député;

René MILLET, Ambassadeur de France;

Georges PRESTAT;

Le Général VARIGAULT;

Secrétaire général : Auguste TERRIER;

Secrétaires : Robert DE CAIX et Roger TROUSSELLE;

Délégué à Tanger : Ch. RENÉ-LECLERC.

Siège du Comité : **21, rue Cassette, Paris.**

Tout Français souscripteur d'une somme au moins égale à 20 fr. devient adhérent du Comité du Maroc et reçoit le « Bulletin mensuel de l'Afrique française », organe du Comité.

Adresser les souscriptions au Trésorier du Comité du Maroc, 21, rue Cassette, Paris, 6ᵉ.

LA RÉORGANISATION MAROCAINE

PAR

LE COMMANDANT EDMOND FERRY

RAPPORT AU COMITÉ DU MAROC

Prix : 1 Franc

PUBLICATION

DU

COMITÉ DU MAROC

21, Rue Cassette, Paris.

1905

BULLETIN DE SOUSCRIPTION

Ce Bulletin et les Souscriptions doivent être adressés à **M.** le Trésorier du Comité, 21, rue Cassette, à Paris.

Je souscris au **Comité du Maroc** *pour la somme de*

Que j'adresse sous ce pli à M. LE TRÉSORIER DU COMITÉ, 21, *rue Cassette, Paris;*

Que je prie M. LE TRÉSORIER *de vouloir bien faire percevoir à l'adresse suivante;* (¹)

A ...., le 190

SIGNATURE :

ADRESSE : ....

....

(¹) Effacer l'une ou l'autre formule.

N.-B. — Le **BULLETIN DU COMITÉ DE L'AFRIQUE FRANÇAISE** sera adressé régulièrement à tous les Souscripteurs d'une somme de vingt francs au moins. Il publiera la liste des souscriptions.

LA RÉORGANISATION
MAROCAINE

Lorsque l'on veut parler des choses et gens du Maroc, il importe tout d'abord de ne pas se laisser prendre à l'apparence des mots et de nettement se rendre compte de ce que l'on entend par « Maroc, sultan du Maroc, makhzen » et autres expressions que la presse et la diplomatie européennes emploient couramment, mais qui ni les unes ni les autres ne répondent à des réalités effectives. C'est là un premier point à établir — et de la plus haute importance — si l'on veut travailler utilement.

Dans notre monde organisé et méthodiquement classé, un souverain, un ministère, une armée, un Etat sont des personnalités définies — individualités ou collectivités — dont chacun se fait un concept précis et clair. Ici, dans le pays du Soleil-Couchant, ces divers éléments ne sont presque que des illusions.

Géographiquement, politiquement et ethnographiquement, il n'y a pas « un Maroc », mais bien « plusieurs Marocs »; il n'y a pas davantage un sultan du Maroc, si l'on se fait de la souveraineté l'idée habituellement admise, et on ne trouve dans cet Etat chimérique aucun des organismes ordinaires de tout gouvernement établi : armée, ministères, fonctionnaires régulièrement constitués et contrôlés.

La nature elle-même a découpé « le pays de

Maroc » en plusieurs grandes régions : d'une part, du Sud-Ouest au Nord-Est, par l'Anti-Atlas, les branches du Haut et du Moyen Atlas qui enserrent entre elles le thalweg de la Moulouïa; d'autre part, de l'Est à l'Ouest, par la coupure de l'oued Innaouen et de l'oued Sebou qui ouvre de l'Algérie à l'Atlantique la large brèche Fez-Taza.

Ces grandes régions sont dissemblables les unes des autres autant par la constitution de leur sol que par les ressources qu'elles présentent et les groupements qui les peuplent.

A l'Est de l'Atlas et du fossé de la Moulouïa, c'est le *Maroc oriental* ou *Maroc algérien* participant, dans sa partie septentrionale, vers Taza et Oudjda, — là où le Prétendant tient tête aux mehallas chérifiennes — de la fertilité du Tell oranais, mais se transformant bientôt, au fur et à mesure que l'on descend vers le Sud, en pâturages de plus en plus maigres, en terrains de parcours où nomadisent des Berbères. Des flancs dénudés et rocailleux de l'Atlas, qui regardent vers l'Orient, ne s'échappent, en dehors de la Moulouïa, que des cours d'eau soumis au régime des marigots du désert. Gonflés à l'excès au moment des pluies, puis subitement taris et à sec, ils ne peuvent donner quelque fertilité au sol que dans leurs hautes vallées; plus en aval, ils vont se perdre dans les masses des sables pour reparaître ici ou là dans les cuvettes des oasis.

Si, franchissant la brèche de Taza, l'on remonte vers le Nord au delà de l'oued Sebou et que l'on pénètre dans le large promontoire qui vient finir à Tanger et Ceuta, on trouve d'un côté, vers la Méditerranée, les montagnes *du Rif*, sauvages, coupées de vallées étroites, parcourues par des tribus pillardes de Berbères, et de l'autre, vers l'Atlantique, les fertiles territoires *du Gharb* avec Larache et son jardin des Hespérides à l'embouchure de l'oued Loukhos.

Au Sud de ce même oued Sebou, entre l'Atlas
et la côte de l'Atlantique, jusqu'au Sous et à Agadir, s'étend le *Maroc occidental*. Coupé au Nord
par les collines qui descendent du Moyen Atlas le
long de l'oued Bou-Regreg, il s'étale librement
vers le Sud-Ouest en larges et magnifiques plaines.

A l'Ouest, sur sa façade de mer, si les ports de
Rabat et de Safi sont barrés de remous dangereux, ses côtes s'ouvrent à Casablanca, Mazagan
et Mogador en larges rades dont la dernière au
moins serait facilement organisée en abri vaste
et sûr. Au Sud-Est et à l'Est, sur son front de
terre, le Moyen et le Haut Atlas le dominent de
leurs sommets neigeux; les pentes verdoyantes
des montagnes glissent jusqu'aux plaines des
bords de l'Océan, leur apportant les eaux de
l'oued Oum er Rebïa, de l'oued Tensift, de l'oued
Kreb ou de leurs affluents, et leur forment
comme une couronne de jardins frais et fleuris.
Dans l'état actuel des choses, les indigènes des
hautes vallées s'approprient, sans aucun ménage-
ment, les eaux nourricières qui font la fortune
des grandes tribus du pied des montagnes; les
parties les plus voisines de l'Atlantique n'ont
plus ainsi, surtout pendant la saison sèche, les
moyens suffisants pour alimenter les cultures.
Mais ce ne sont là que questions de régularisa-
tion des irrigations, qui n'atteignent en rien la
valeur de ces magnifiques régions.

Pays qui doit à sa ceinture de mer et de hautes
montagnes et à la régularité de ses vents alizés
une température ne variant que de 16 à 24° et
une salubrité parfaite, malgré l'amoncellement
des immondices dans les villes et dans leurs mellahs; pays fortuné où l'Européen peut vivre,
travailler et produire comme dans les parties les
plus favorisées de notre vieux continent; pays où
se conçoivent et où se justifieront les plus grandes
espérances de mise en valeur industrielle, com-

merciale et agricole — car il a la côte qui lui ouvre les chemins des échanges mondiaux et les larges ondulations d'un sol fécond qui s'offre aux vastes entreprises de culture et d'élevage — ce Maroc occidental sera quelque jour, pour qui saura l'organiser et le faire fructifier, un immense parc de richesses et de délicieux séjour. Il est le vrai Maroc, celui qui mérite tous les efforts, appelle toutes les convoitises et sollicite toutes les énergies.

Plus au Sud, la *région du Sous*, enfermée dans la fourche du Haut et de l'Anti-Atlas, participe, en certains points, du climat et de la fertilité du Maroc occidental, en d'autres, de la sécheresse et de la désolation des zones sahariennes. Son port d'Agadir, qu'a fermé en 1760 une décision chérifienne, marque une des rades les plus sûres et les meilleures de la côte atlantique.

L'Anti-Atlas franchi, c'est le *Maroc saharien* proprement dit, avec, à l'Est, les importantes agglomérations du Tafilet et, à l'Ouest, les groupes d'oasis de l'oued Draa, du Saghiet el Hamra et du cap Juby, qui ouvrent par l'Adrar les communications avec la Mauritanie de notre Bas-Sénégal (1).

Maroc oriental ou algérien, septentrional, occidental, sousien et saharien sont donc autant de grandes régions ayant géographiquement leur caractère propre et leur particularisme.

Politiquement, et même dans une certaine mesure ethnographiquement, cette diversité s'accentue encore. Car dans chacune de ces régions sont installées ou nomadisent un certain nombre de tribus, grandes ou petites, issues quelquefois de races différentes, mais ayant toujours leurs mœurs, leurs traditions, leurs intérêts, leurs

---

(1) Commandant Edmond Ferry, *La France en Afrique* (p. 72 à 152). — 1 volume. Armand Colin, Paris.

chefs et vivant la plupart du temps en état de
rivalité. Les plus importants de ces groupements
forment en quelque sorte les principautés, plus
ou moins stables, de l'Etat, bigarré comme un
habit d'Arlequin, qu'est actuellement le Maroc.

Les Berbères, populations autochtones, que
l'on retrouve aussi sous les noms de Beraber,
Imazighen, Chleuh ou Chellaha, occupent environ
les quatre cinquièmes du territoire marocain.
Ils ont subi, devant les immigrations arabes,
la loi imposée aux peuples envahis ; ils ont aban-
donné les villes, les plaines où peuvent évoluer
les troupes et que peuvent maîtriser les kasbahs ;
ils se sont repliés dans les refuges des montagnes ou dans les sables des déserts et c'est là
qu'aujourd'hui encore on les trouve presque
inviolables.
Ils marquent de leurs groupes plus ou moins
denses tout le système orographique du Maroc,
l'Anti-Atlas, le Haut et le Moyen Atlas, s'épandent
en longues coulées sur les contreforts des montagnes, affleurent les plaines où on les rencontre
quelquefois mêlés aux Arabes.
Au nœud du Moyen et du Haut-Atlas, vers le
pays de Tadla, ce sont les grandes et puissantes
tribus des Zaïan, des Beni-Mguild, des Aït-
Youssi..., qui forment, sous l'influence de l'ordre
religieux des Derkaoua, la puissante ligue dite
« Soff des Beraber », également maîtresse des
versants Sud des montagnes.
De ce nœud, les Berbères s'allongent vers le
Nord-Ouest, par deux grandes tribus, celles des
Zaer et des Zemmour, dans les collines qui bor-
dent l'oued Bou-Regreg, jusqu'à Rabat et Salé, et
séparent les anciens royaumes de Fez et de Marrakech ; vers le Sud-Est, ils s'étendent dans le Tafilet
et le Maroc oriental dont ils occupent la presque
totalité d'Oudjda à Igli. Ils se prolongent aux deux

extrémités de l'Atlas : au Nord, par les Riata, dans le Rif et l'Andjera, dont ils sont maîtres jusqu'aux portes de Tanger ; au Sud, dans le Sous, d'où ils débordent d'une part sur Mogador et l'oued Kreb, d'autre part sur l'oued Draa et le Saghiet el Hamra.

Ils tiennent ainsi les communications les plus importantes du pays : celles de l'oued Sebou et de Fez avec Oudjda et Oran par la trouée de Taza, celles entre Fez et Marrakech par les pistes directes du pied des montagnes, celles de Marrakech et du Maroc occidental avec le Tafilet, le cap Juby et l'Adrar mauritanien par le Sous et les passages du Haut et de l'Anti-Atlas. Ils sont, de ce fait, les premiers maîtres du Maroc et le sultan le reconnaît lui-même par les précautions qu'il prend pour se rendre de l'une à l'autre de ses deux capitales.

Les Arabes n'ont pu que se glisser entre les groupes berbères, là où leurs armes étaient capables de les imposer et de les maintenir : dans la vallée de l'oued Sebou, de Fez à l'embouchure de ce fleuve (Beni-Ahsen, Cherarda, Hyaoua, etc.); dans les villes de la côte, dans quelques autres de l'intérieur et dans leurs banlieues immédiates ; dans la majeure partie des plaines du Maroc occidental (Chaouïa, Rehamna, Abda, Ahmar, etc.), suivant une sorte de grand triangle dont Mogador, Marrakech formeraient la base et Rabat-Salé le sommet. Ce triangle représente à peu près l'ancien Haouz ou royaume de Marrakech, dont cette ville était la capitale, tandis que Fez était celle du Gharb (Maroc septentrional).

Berbères et Arabes sont restés, dans leur ensemble, impénétrables les uns aux autres.

Cultivateurs et sédentaires, attachés à la terre qui symbolise pour eux la liberté, animés en religion d'un puritanisme intransigeant de paysans têtus, farouchement jaloux de leur indépendance,

les Berbères sont susceptibles de former de grandes
ligues de tribus, dans l'intérêt de leur résistance ;
ils se gouvernent par des djemmaa, sortes d'as-
semblées démocratiques.

Les Arabes, au contraire, sont nomades et pasteurs ; ils aiment la vie de luxe et de sensualité,
se plaisent aux fantasias, aux chevauchées qui
ont illustré les temps de chevalerie. Leur goût
les porte vers les régimes de castes et d'autorité ;
leur orgueil et leur esprit d'intrigue ne leur permettent que rarement de se grouper pour une
action commune.

Si l'Arabe mobile, manœuvrier, homme de
cheval et de combat en plaine, a pu rejeter autrefois le Berbère dans les montagnes, celui-ci, rude,
tenace, fantassin opiniâtre, gardé par sa foi et par
sa vie même contre le servage et l'amollissement,
doit à ces qualités d'y être demeuré libre, inacces-
sible, dangereux même pour ses conquérants
aujourd'hui affaiblis.

Cependant les longs contacts et le travail du
temps ont amené quelques fusions entre autochtones et envahisseurs. C'est ainsi qu'aux abords
des montagnes ou dans les plaines, certaines tribus berbères se sont arabisées ; c'est ainsi encore
que dans les villes les races se sont plus intime-
ment mélangées et ont donné naissance à cette
classe intermédiaire, les « Maures », qui fournit la
majeure partie des soi-disant fonctionnaires civils
et religieux du Maroc.

Mais, partout et toujours, les rivalités subsis-
tent, parfois aiguës ; et c'est souvent que pourrait s'appliquer cette déclaration des habitants
de Salé, tout fiers d'être les descendants d'une
longue lignée de redoutables pirates, à leurs voi-
sins de la ville sainte de Rabat, dont ne les sépare
que le cours de l'oued Bou-Regreg : « Les gens de
Salé ne seraient pas amis de ceux de Rabat, même si
l'eau de l'oued devenait lait et le sable raisin sec. »

II

Un seul lien, le lien religieux, unit entre eux
ces morceaux de Maroc, mais sans pouvoir toute-
fois en faire un Etat, plus qu'il n'a jamais fait
une seule nation du Nord de l'Afrique où règne
la même religion de Mahomet.

Le sultan symbolise ce lien. Il n'est pas
reconnu partout comme chef politique, mais
Berbères, Arabes et Maures l'admettent tous
comme chef religieux. Il est, suivant une expres-
sion fort exacte, un « chérif couronné », c'est-à-
dire celui qui descend le plus directement du
Prophète et dont la « baraka » héréditaire — sorte
de bénédiction ou de pouvoir divin — est la plus
rayonnante en puissance et en vertu.

Encore faut-il que cette baraka s'impose et
sache se maintenir !

Plus puissantes que le sultan et véritables
directrices des âmes musulmanes, sont en effet les
nombreuses confréries religieuses, sortes de grands
Etats théocratiques, dont les zaouïas rayonnent
sur tout l'Islam, de la Mecque jusqu'aux profon-
deurs du Centre africain, et l'enserrent « d'un
immense réseau aux mailles ténues et très flexi-
bles, aux fils presque invisibles, mais résis-
tants (1). » Ce sont ces confréries qui par leur organisation, leur propagande, la foule innombrable
de leurs adeptes pourraient donner une réelle
unité de pensée et d'action au monde musulman,
si elles n'étaient elles-mêmes profondément divi-
sées par toutes sortes de rivalités : « questions de
préséances, de rites, d'origines, de races ou tout
simplement concurrence dans la récolte des
offrandes (1) ». Le sultan du Maroc ne peut se
dispenser de l'appui des chorfa qui sont à leur
tête : certains de ces derniers sont même appelés

---

(1) Commandant Edmond Ferry, *La France en Afrique.*

par tradition à lui donner une sorte d'investiture publique, tel le chérif d'Ouazzan, lorsqu'au début de chaque règne il va présenter l'étrier au nouveau souverain.

Que du reste une autre baraka concurrente, comme celle du Rogui actuel, surgisse tout à coup et s'impose à la naïveté publique par quelque miracle ou par la simple force des armes — « la victoire est un bienfait que n'accorde que le ciel ! » — les innombrables mécontents, les tribus toujours prêtes à se soulever se grouperont autour du Prétendant et, pour sauver sa couronne, le sultan devra négocier, « palabrer », acheter les chefs religieux, opposer les tribus les unes aux autres et enfin s'efforcer de lever et d'équiper des contingents pour menacer plus que pour combattre.

Surveiller et détruire les influences qui se lèvent, diviser au lieu de grouper, corrompre et désorganiser au lieu d'établir l'ordre et la sécurité sont, dans l'état actuel des choses, les premiers et obligatoires devoirs d'un sultan qui veut régner.

Régime et mœurs de féodalité, dira-t-on ! Moins que cela; car les seigneurs féodaux avaient des châteaux, des palais, des terres nettement déterminées, tout un ensemble d'établissements fixes où ils abritaient leurs richesses et où on pouvait les atteindre et les frapper; pour ce faire, le roi disposait de troupes souvent indisciplinées, mais qui avaient tout au moins le mérite d'exister et de ne pas craindre le combat. Au Maroc d'aujourd'hui, il est loin d'en être ainsi; le sultan n'a aucun moyen d'imposer par la force son autorité; l'armée marocaine n'existe pas.

Sous les grands sultans d'autrefois, sous Moulay Ismaïl et Moulay Abdallah, cette armée fut puissante, composée de mercenaires, nègres

Bouakhar et tribu des Oudaïa, venus du Sous et du Tafilet, sorte d'armée de métier, sujette à toutes les révoltes et à toutes les défections des bandes prétoriennes, mais instrument solide quand la main qui dirigeait était ferme.

Le gouvernement du Maroc avait alors toutes les apparences d'un gouvernement militaire ; propre, semblait-il, à contenir un pays aussi profondément divisé, il s'effrita peu à peu sous l'action des luttes de rivalité qui déchirèrent l'armée et s'effondra complètement après la bataille de l'Isly. Il fut remplacé alors par un gouvernement de marchands et de docteurs de l'Islam qui pensèrent accroître la puissance militaire du Maroc en donnant à l'armée le caractère et le recrutement d'une armée nationale — dangereuse chimère dans un pays où il n'y a pas de nation.

Politiquement, en effet, les tribus sont soumises ou insoumises, c'est-à-dire consentent ou ne consentent pas à payer l'impôt et à fournir les contingents demandés.

Parmi ces tribus, quatre grandes : les Chéraga, les Oudaïa dont une partie sont à Rabat, les Chérarda groupés autour de Fez, les Bouakhar à Mekinez sont dites tribus makhzen et, à ce titre, pourvues d'une division militaire spéciale et entièrement à la disposition du sultan.

Originairement, « être makhzen » n'était pas chose à dédaigner. Car c'était faire partie — et s'assurer la participation aux bénéfices — de ce syndicat d'exploitation éhontée que formait, sous cette appellation, la réunion de quelques villes et tribus et des fonctionnaires de toutes sortes comprenant depuis le mokhazni, simple soldat du Guich, jusqu'au sultan, avec tous les intermédiaires de caïds, oumana, secrétaires, ministres, chorfa et sous-chorfa.

Mais les temps ont changé. La collectivité

makhzen s'est disjointe en s'étendant ; la création
de la soi-disant armée nationale a largement
contribué à cette transformation.

En effet, aux quatre grandes tribus makhzen
se sont d'abord ajoutées cinq autres tribus, dites
quasi makhzen (Rahammah, Ahmar, Abda, Me-
nahba, Harbil) ; puis le nouveau système militaire obligeant à lever des contingents dans
toutes les tribus, le soldat du Guich, le mokhazni
de tribu makhzen, perdit ses avantages et sa faveur. Les soldes n'étant plus payées et les bénéfices se faisant rares, le métier des armes fut dé-
serté. Nul ne voulut plus servir ; le recrutement
de l'armée fut tari. Le mot « makhzen » perdit
son sens primitif ou plutôt il prit un double sens.

Le sultan, les chorfa, les heureux ou les habiles
qu'une faveur temporaire appelle aux fonctions
lucratives, toute cette oligarchie régulièrement
autorisée à exploiter et à dépouiller ce qui ne
peut s'y opposer, restèrent le fructueux Makhzen
d'autrefois, celui dont il est bon de faire partie
pour vivre grassement aux dépens des autres.

« Etre makhzen », au contraire, signifia dès lors
les victimes résignées et impuissantes de cette
exploitation, ceux qui portent tout le poids des
impôts et fournissent des hommes aux levées
militaires, mais ne satisfont à ces charges que
dans la mesure où l'on subit ce que l'on ne peut
empêcher. Tels sont les villes, la vallée du bas et
du moyen oued Sebou, les plaines du Maroc
occidental, soit le cinquième environ de l'Empire, le « Blad el Makhzen », peuplé de Maures,
d'Arabes ou d'Arabisés.

Le « Blades Siba », c'est-à-dire les quatre cinquièmes restants, sont partiellement ou totale-
ment insoumis, soit que les Berbères qui y vi-
vent refusent l'impôt ou les contingents, soit
qu'ils se lèvent contre les bandes armées du
Chérif, soit même qu'ils se jettent en pillards

sur les villes et les tribus du « Blad el Makhzen ».
Et cette insoumission est telle en certains points
qu'en face d'elle le sultan n'ose pas se fier au
seul prestige de sa baraka. Tout déplacement du
sultan est une véritable expédition armée par des
itinéraires soigneusement choisis et préparés.
En 1900, la seule fois où le Chérif actuel, Moulay
Abd el Aziz, se rendit de Fez à Marrakech, il fallut
longuement négocier avec les Zaer et les Zemmour des bords de l'oued Bou-Regreg pour que
la caravane impériale pût atteindre Rabat sans
encombres, malgré le détour qu'elle s'imposait,
et s'engager de là dans les plaines du Maroc occidental.

III

Aussi faible que soit la partie du Maroc, où
s'exerce — et dans quelles conditions précaires!
— l'autorité du sultan, on est étonné, quand on y
voyage, que là même cette autorité puisse être
admise avec son cortège d'exactions!

On a en effet, au milieu des populations du
Blad el Makhzen, cette impression que rendait le
général Dupuy, quand le 19 août 1798, peu de
temps après le débarquement de l'armée française en Egypte, il écrivait du Caire à un de ses
amis : « Nous avons trouvé ici des scélérats —
les beys et les mameluks — qui ne laissaient au
peuple que la chemise (1). »

Les beys et mameluks du Maroc actuel sont le
sultan et les fonctionnaires du Makhzen. Chacun
d'eux est insatiable. Le Makhzen est une hiérarchie du vol, de la corruption, de la prévarication
et, à chaque échelon de cette étrange hiérarchie,
c'est une sorte de surenchère. Le sultan et ses
pseudo-ministres dépouillent les caïds et les ou-

---

(1) Archives de la guerre.

mana ; ceux-ci dépouillent leurs administrés et, chacun une fois pourvu, on se dépouille entre soi. Les fonctions, n'étant pas régulièrement rétribuées, se rétribuent elles-mêmes. Malheur à qui l'on sait riche, s'il ne peut prendre la précaution de se placer, lui et ses biens, sous la protection de quelque puissance européenne, comme l'a fait El Menebbi, le ministre de la Guerre tombé en disgrâce. Le sage a pour devoir de ne gagner que ce qui est nécessaire à ses besoins au jour le jour ; sinon, il lui faut enterrer son or et jouer à la pauvreté.

C'est que les hauts fonctionnaires — Maures, Arabes ou Arabisés — et souvent aussi les chorfa, héritiers de barakas illustres, ont des besoins d'argent sans cesse grandissants. Ils ont conservé le goût de cette vie de luxe raffiné dont l'Espagne garde à l'Alhambra de Grenade et à l'Alcazar de Séville les magnifiques traces et ils dépensent sans compter pour faire de leurs demeures des séjours délicieux, réductions terrestres des paradis de Mahomet.

Extérieurement, ces palais sont d'aspect massif, brutal même, avec leurs formes carrées et leurs murs épais aveuglants de blancheur et de lumière. Mais, les portes franchies, c'est une exquise légèreté de colonnades qui s'enlèvent, de baies artistiquement découpées qui s'ouvrent gracieuses dans des murailles décorées de peintures vives. Et, lorsque l'on arrive dans la cour centrale, toute dallée de marbres polis, on se sent dans un asile de paix voluptueuse ; comme le maître qui est accroupi là, sur un amas de coussins, aux bords de la vasque où bruit une fraîche fontaine, on attend — éternelle suggestion des choses ! — la venue des femmes blanches ou noires dont les danses complaisantes sauront charmer les heures. Tout autour circulent à pas feutrés, silencieux

et attentifs, les nombreux domestiques et esclaves des deux sexes.

Au sortir de ces luxueuses demeures, où la
demi-lumière, les parfums qui flottent, les larges
et profonds divans, l'architecture elle-même
prennent l'être par tous les sens pour l'enve-
lopper de mollesse, c'est un contraste du plus
significatif enseignement de se jeter au grand
soleil, qui montre les plaies à nu, par les ruelles
étroites où s'accumulent les ruines, par les
méandres des mellahs où s'entassent les juifs,
au milieu des immondices, dans des taudis souvent moins grands que des niches à chiens. Là
grouille une foule d'êtres faméliques et sales,
d'animaux étiques, pitoyables, saignant des
blessures du bât.

De temps à autre, cette foule que la superstition
asservit s'ouvre hâtivement devant quelque cortège : ici des coureurs annoncent à grands cris le
passage d'un haut fonctionnaire, monté sur un
cheval aux harnachements de pourpre ; là des
gardiens armés, attentifs à la grande mission
dont ils ont la charge, conduisent des femmes
soigneusement enveloppées de multiples étoffes,
d'où leur beauté grasse sortira tout à l'heure,
pour le maître seul, auprès de la vasque toute
fraîche de la fontaine qui bruit ; ailleurs c'est un
chérif, drapé dans d'amples burnous de laine
blanche ou un marabout vieux et loqueteux, et
la foule idolâtre se presse autour de ces saints
vénérés, baise leurs pieds, leurs genoux, les
pans de leurs vêtements, dépose dans leurs escar-
celles les offrandes qui lui vaudront peut-être
un précieux reflet de la baraka qui passe.

Le voyageur se documente vite à ces contacts
de la vie marocaine.

Pénétrons dans la kasbah de Tanger, chez le
pacha gouverneur de la ville. Il nous reçoit gra-

vement accroupi non loin de la porte d'entrée,
sur un amas de coussins multicolores ; des re-
gistres, des encriers, des cartes postales, des
timbres de la poste allemande — car le pacha
fait de l'opportunisme — encombrent une longue
table basse disposée devant lui. Sa face est em-
pâtée, immobile, soumise aux fatalités. Il nous
convie à visiter sa demeure et nous y retrouvons
le luxueux asile de tous les grands du Maroc.
Dans la cour de marbre où nous pénétrons et où
s'épandent, dans la fraîcheur de l'ombre, des
parfums de musc et d'ambre, des portes de bois
sculpté s'entr'ouvrent timidement et, dans leur
entre-bâillement, grimacent des museaux rieurs
de jeunes négresses, esclaves au service du maître et de ses femmes.

Tout à côté, séparées par une simple épaisseur
de mur de ce gai et tendre lieu, sont les prisons,
cloaque d'immondices, antre obscur de pestilence
et d'horreur, antichambre digne d'un jardin des
Supplices. Les malheureux qu'un caprice ou une
vengeance y ont jetés se traînent là, hâves, dé-
penaillés, les fers aux pieds. Dès qu'un visiteur
apparaît au guichet de la voûte d'entrée, ils s'y
pressent tendant une main décharnée, implorant
la charité publique qui subvient à leurs besoins.
Mais, des oboles qu'on leur jette et dont ils attendent leur nourriture, combien peu leur sont lais-
sées! Le gardien se paie le premier — c'est la
solde de sa charge — et ne doit-il pas aussi ré-
munérer le pacha, qui demain peut le révoquer?

De ce même pacha, gouverneur militaire, « pacha du Guich », puisque Tanger est « makhzen »,
dépendent les troupes stationnées dans cette
ville. Ces troupes, et celles de même espèce rési-
dant à Fez, sont la seule partie réellement exis-
tante de la soi-disant armée chérifienne. Les officiers de la mission militaire française sont chargés
de leur instruction, mais dans des conditions

vraiment toutes marocaines. Le pacha est le grand maître ; seul il a le droit de contrôle, de punition, d'exemption de service ; seul il dispose de la solde, de l'habillement, de l'armement ; seul il peut prescrire les heures et lieux des exercices. Les instructeurs européens se bornent à instruire, au sens rigoureusement étroit du mot, ce qu'on veut bien leur donner aux jours et endroits où on le leur donne. Leur patience et leur diplomatie sont admirables. Constamment ils se heurtent au mauvais vouloir, à l'apathie du pacha, qui toujours répond : « Très bien ! ce sera fait ! » et toujours recourt, avant de s'exécuter, à ces multiples atermoiements familiers aux Orientaux.

Et vraiment, on est saisi d'étonnement quand, sachant les difficultés inextricables de leur tàche, on constate les résultats obtenus par nos officiers de Tanger. Les « tabors » de cette ville, soit environ 1.500 fantassins et une centaine d'artilleurs, ont, gràce à eux, quelque allure militaire. Jusqu'au moment de l'intervention allemande, ils étaient chargés du maintien de l'ordre dans la banlieue de Tanger et s'en acquittaient à la satisfaction de tous. Ils peuvent, du reste, se présenter, sans déshonneur pour leurs instructeurs ; ils l'ont fait devant l'empereur Guillaume, qu'ils ont reçu avec notre sonnerie « Aux champs » ; ils l'ont fait encore devant l'ennemi, dans la région d'Oudjda, puisque c'est leur artillerie — la nôtre, pourrait-on dire — qui a récemment sauvé les troupes chérifiennes en face du Prétendant. Tous les soirs, sur le plateau du Marchan qui domine Tanger, ils sonnent la retraite et c'est plaisir pour des oreilles françaises d'entendre sur cette terre étrangère, qui nous est si àprement disputée, comme un écho lointain des clairons de nos troupes d'Oran et d'Alger.

L'officier aime instruire sa troupe, mais il en a aussi la coquetterie. Il tient à ce qu'elle soit

bien nourrie, régulièrement soldée et convena-
blement habillée. C'est alors surtout que le pacha
proteste, tergiverse, gagne du temps. Un jour
cependant il dut s'exécuter. Des fractions tirées
de ses tabors devaient, en vertu des engagements
signés avec le gouvernement français, être trans-
portées à Nemours et, de là, à Figuig où ils
concourraient à la garde de cette oasis. Il fut
convenu, après mille détours et palabres, que les
hommes de ces fractions seraient habillés à neuf,
pour « faire honneur » au sultan et au Makhzen.
Le pacha fit venir des chéchias, pantalons et ves-
tes, le tout en ballots qui furent embarqués avec
les hommes à Tanger, sur un navire à destination
de Nemours. Mais, hélas ! lorsqu'on voulut distri-
buer les effets soigneusement empaquetés, les chéchias manquaient ; elles étaient passées sur le
grand souk de Tanger, où le pacha les faisait
vendre à son profit.

Ce pacha, qui sait si habilement administrer pour
lui-même, est comme un modèle-type, dont les édi-
tions sont aussi nombreuses que le Maroc compte
de fonctionnaires.

Sur le navire de la Compagnie Paquet, qui fait
les escales de la côte atlantique et nous trans-
porte de Tanger à Mogador, monte un amin,
intendant chargé du service des douanes dans un
des ports de cette côte. Il se plaint amèrement de
ses appointements : 1.500 pesetas par mois, soit
environ, et suivant la valeur du change,
1.200 francs français ou 1.900 en monnaie maure,
dite hassani. Ces appointements, il les touche —
chose rare ! — régulièrement, puisqu'il se paie
lui-même et le premier sur ses perceptions. Mais
comment faire avec si peu ? Il a à Fez une maison
et des femmes blanches qui, elles, ne se dépla-
cent jamais ; il avait dans le port où il résidait
une autre maison et des « remplaçantes » noires.
Ces nombreuses femmes de toutes couleurs exi-

gent auprès d'elles tout un personnel pour les servir. Lorsqu'il fut appelé dans les douanes, lui-même était mal en point dans ses affaires, et, cependant, il dut, pour obtenir la charge qui lui fut confiée pour un an, gagner par des largesses la faveur de personnages de l'entourage du sultan. Un an ne lui permettrait guère de rétablir sa situation, s'il se contentait de ses modestes 1.500 pesetas de chaque mois ! Il lui avait fallu trouver comment les doubler, les tripler peut-être... ! Aujourd'hui, il retournait à Fez rendre ses comptes de gestion et Allah voulait bien que ses affaires fussent en état. L'habile amin avait avec lui, sur le bateau, quelques sacs lourds de douros, et même quelques animaux qu'il avait achetés : un cheval, un mulet, deux boys et six négresses dont la chair musquée fait prime au Maroc depuis que l'occupation du Soudan par la France en a raréfié l'exportation.

Le spectacle du désordre marocain est tout particulièrement sensible dans les huit ports (1) ouverts au commerce extérieur, parce qu'il s'y exagère, par contraste' avec le besoin d'ordre, de méthode et d'activité des entreprises européennes et qu'il est un obstacle à leur développement — obstacle voulu du reste, soigneusement entretenu, et qui n'est que la manifestation d'une toujours même politique de résistance. Le Maroc ne s'est ouvert que contraint ; il cherche tous les expédients qui lui permettent de se refermer.

Comment avoir, dans ces ports, le grand mouvement d'affaires dont plusieurs d'entre eux seraient capables ? Larache, Rabat et Safi sont fermés par des barres, qui souvent sont redoutables ; les navires se présentent, la mer est agitée, la barre infranchissable et il faut plusieurs jours —

---

(1) Tetouan, Tanger, Larache, Rabat, Casablanca. Mazagan. Safi, Mogador.

parfois plusieurs semaines — avant de pouvoir
tenter une opération quelconque de débarquement
ou d'embarquement. Les rades des autres ports
sont à peu près libres d'obstacles, mais de fonds
très irréguliers, et ouvertes, même celle de Mogador, à tous les vents.

Le temps, au contraire, est-il beau et peut-on
travailler ? Les barcasses marocaines qui font la
traversée entre les navires et le littoral se mettent à
la mer, mais leur nombre est limité (1) et il faut les
répartir entre les bateaux présents. Sauf à Tanger
qui possède deux remorqueurs, à Mazagan et à
Larache qui en ont un — (à Larache, c'est le fameux *El Triki*, seul vestige de la flotte marocaine, construit à Hambourg et actuellement
commandé par l'Allemand Bobehr), — ces lourdes
barcasses d'une contenance de 10 à 25 tonnes
sont manœuvrées à la rame par six ou huit couples
d'indigènes.

Tout ce service des ports et des barcasses est
monopole du Makhzen ; c'est dire son organisation
et son fonctionnement. Les débardeurs — et souvent les mariniers eux-mêmes — sont recrutés
dans la partie la plus misérable de la population.
Seul, dans l'équipage d'une barcasse, le pilote
qui doit choisir les courants, éviter les écueils,
aborder par la proue les remous des vagues, peut
mériter le titre d'homme du métier ; le reste peine
sur les avirons et l'émotion est quelquefois forte
quand, jeté en pleines barres de Safi ou de Rabat,
on se sent confié à ces malheureux qui crient,
s'excitent, s'épuisent en efforts pour tenir tête aux
lames, mais sont capables de s'abandonner à la

---

(1) Tanger : 2 remorqueurs et 12 barcasses de 10 à 15 tonnes
— Larache : 1 remorqueur et 8 barcasses de 20 à 40 tonnes. —
Rabat : 6 barcasses de 20 à 25 tonnes. — Casablanca : 9 barcasses de 12 à 15 tonnes. — Mazagan : 1 remorqueur et 12 barcasses
de 15 à 20 tonnes. — Safi : 20 barcasses de 4 à 5 tonnes. — Mogador : 10 barcasses de 8 à 10 tonnes.

fatalité et de « lâcher tout » en s'en remettant à Allah du soin de les sauver.

Le grand maître de tous ces gens, le maître aussi de la répartition des barcasses entre les navires qui attendent, celui que doivent implorer les agents des Compagnies de navigation, est le « rais », capitaine du port. Il n'est pas plus appointé que les autres fonctionnaires marocains et se paie lui-même sur les droits que versent les destinataires des marchandises. Il rémunère ensuite le Makhzen qui est son maître, à lui, et enfin il solde son personnel, aussi peu que possible bien entendu. Aussi trouve-t-on de tout dans les débardeurs, vrai peuple de la Cour des Miracles : des vieux, des très jeunes, des éclopés, des demi-infirmes, grotesques et pitoyables, à peine vêtus de sacs de toile hors d'usage. On est un peu débardeur au Maroc, comme soldat des bandes chérifiennes !

Ports fermés par des barres ou rades sans sécurité, barcasses en nombre insuffisant et volontairement limité, mariniers pour la plupart inexpérimentés, débardeurs trop faibles pour leur dur travail ! Le Makhzen respecte les traités qui ont ouvert huit ports du Maroc !

Qu'importe si les Marocains eux-mêmes sont parfois les premiers à souffrir de cette obstruction systématique ? Ils ne sont pas le Makhzen, saint dans ses privilèges et dans ses besoins.

Nous arrivons à Rabat. La ville est coupée de l'intérieur par l'insurrection des Zaer et des Zemmour. A peine peut-on, sous la garde d'une escorte armée, pousser en dehors des murs, à travers de délicieux jardins, jusqu'à la tour Hassan, sœur de la Giralda de Séville ! Le temps vient d'être mauvais, la barre impraticable depuis plus de trois semaines ; l'insuffisance des moyens de débarquement n'a pas permis, aux beaux jours précédents, de décharger toutes les cargaisons des navires qui se présentaient. La ville est affamée, ses faibles approvisionnements épuisés. Nous entrons dans l'estuaire de l'oued Bou-Regreg avec la première barcasse de semoule que la population, accrochée aux ruines de l'antique kasbah des Oudaïa, salue de cris enthousiastes.

A Casablanca, même situation ; la famine est menaçante. La sécheresse a désolé les vastes plaines d'habitude fécondes ; elle a mis debout et jeté contre les murs de la ville des bandes de pillards armés. Ces murs, comme tous les remparts de construction portugaise qui enceignent les ports de la côte, sont formidables, inaccessibles pour qui n'a pas de canon. Mais qui les garnira et les défendra? Le pacha-gouverneur a hâtivement fait fermer les portes et racolé quelques vagues soldats ; du haut des murailles, bien à l'abri sur les chemins de ronde, ceux-ci ont ouvert un feu prudent contre les groupes qu'ils voient à leurs pieds, campés dans la plaine. Les assaillants se débandent, mais le lendemain ils reviennent et, devant cette insistance, le pacha calme son humeur guerrière ; il leur envoie des saints hommes des confréries, qui leur remettent deux cents douros et obtiennent qu'ils se retirent. Le prêche et les cadeaux sont les armes les plus efficaces dans la guerre au Maroc !

Le Makhzen a du reste si peu souci des besoins de ses administrés qu'étant seul maître d'accorder le droit de bâtir ou d'acheter des terrains, il ne se préoccupe nullement de permettre l'installation de locaux où puissent se constituer et se conserver des approvisionnements cependant indispensables. Il ne tolère dans ses douanes de mer que des entrepôts absolument insuffisants pour le commerce européen et, dans ces espaces parcimonieusement limités, il s'arroge la part du lion pour lui et pour le sultan.

Rabat doit probablement au séjour dont l'honora Sa Majesté Chérifienne d'être, sous ce rapport, la ville peut-être la plus intéressante de toute la côte atlantique.

Sur une légère éminence qui s'élève au Sud de Rabat et semble pouvoir en dominer la baie, un agent de la Compagnie Krupp a construit un fort qui porte son nom : le fort Rottemburg. C'est une sorte de coupole bétonnée qu'entourent de profonds fossés aux talus soigneusement maçonnés ; aux pieds de ces talus, et pour renforcer la valeur de l'obstacle, courent des grilles de fer forgé ; de la coupole émergent, visibles sur plus des deux tiers de leur longueur, deux énormes canons ; en avant, est creusée dans le sol une sorte de réduit, dont on s'explique mal la nécessité ; plus en avant encore, aux pieds du fort, sur les bords mêmes de l'Océan, d'antiques canons s'abritent derrière un vieux mur qui va rejoindre les hautes murailles des anciennes fortifications portugaises de la ville.

Vu de la mer, cet ensemble forme un parfait décor de fortifications ; le fort Rottemburg, avec sa masse complètement découverte et ses canons qui s'exposent ingénument aux coups, semble n'avoir pas voulu en détruire l'aspect historique par un excès de modernité ; il serait pour des navires de guerre croisant en vue de Rabat le plus merveilleux — et peut-être aussi le plus fructueux — objectif ; car, si son apparence de force flatte aujourd'hui l'amour-propre du sultan, son anéantissement rapide détruirait vite la confiance dans l'efficacité des « constructions Krupp pour Marocains ».

Ce qu'a coûté le fort Rottemburg ? On ne sait jamais exactement ces choses-là au Maroc. Mais des millions assurément... Il a fallu installer à Rabat une grue pour débarquer les canons, puis de Rabat au fort un Decauville pour les trans-

porter. Et, aujourd'hui, grue et chemin de fer
sont inutilisables, à moitié détruits. Quant au
fort, il s'entretient et se garde tout seul. Y pénètre
qui veut, musulman ou Européen, sans y ren-
contrer âme qui vive. En 1900, lors de son séjour
à Rabat, Moulay Abd-el-Aziz en avait fait le but
de ses promenades. Tantôt il offrait le thé, au
seuil de la coupole, à ses « amuseurs » européens et se complaisait en la contemplation des
deux canons géants; tantôt, accompagné de ses
femmes, il tenait cour d'amour dans le réduit
que des amas de divans, de nattes et de tapis
moelleux débarrassaient alors de son aspect
grave et austère de casemate de guerre.

Rabat est comme une antichambre des palais
de Fez; un simple coup d'œil dans les entrepôts
de la douane fait découvrir mille témoins qui
renseignent sur la mentalité du sultan et sur ses
idées de « modernisation » du Maroc. Ne valent-
elles pas en effet toutes les confidences, ces caisses
à demi ouvertes qui gisent à terre pêle-mêle et
laissent voir les objets les plus hétéroclites : voi-
tures armoriées, meubles de tous styles, pianos et
harmoniums, canots automobiles, le tout démonté
et divisé en lots, dont une partie est à Fez depuis
deux ou trois ans et dont l'autre attend, mangée de
rouille ou d'insectes, que l'on songe à l'y trans-
porter ? Dans cet inexprimable bric-à-brac sont
peut-être les roues — devenues légendaires au
Maroc — de la locomotive-joujou que le Creusot
fabriqua pour le sultan. On les chercha, ces roues
indispensables, dans tous les ports, dans tous les
entrepôts; puis Abd-el-Aziz passa à d'autres
désirs, tout aussi fugitifs et tout aussi coûteux.

A Fez, ce fut une véritable folie de réformes
subites et ruineuses. Au Sérail, — car cette question
tient toujours la première place, — les Circassiennes
supplantèrent les femmes maures, bien qu'issues
de familles illustres ; les modes européennes ten-

tèrent de pénétrer dans les palais avec la bande de « cosmopolites » qui en étaient les familiers. Le sultan s'employa à photographier ses favorites avec tous les appareils connus, dont le dernier fut un vérascope en or du prix de vingt-cinq mille francs. Les bicyclettes, les tricycles à pétrole, les automobiles, les Decauville circulèrent dans les jardins impériaux, éventrant les vieilles et respectées murailles, barrant les voies publiques, bouleversant et arrêtant la vie de la cité. Jeux d'enfant qui devinrent dangereux quand le zèle réformateur du Chérif toucha aux impôts, pour en remanier le système, et se mit ainsi en opposition avec la loi coranique, et surtout quand il osa atteindre jusqu'aux rites religieux dont la primitive ordonnance ne fut plus aussi scrupuleusement observée.

Alors ce fut au nom de la religion du Prophète, au nom de cette religion qui seule place et maintient le sultan sur le trône, que les fanatiques tribus berbères commencèrent à s'agiter. Les pillards eurent un prétexte honorable et commode de sortir de leurs refuges, les barakas concurrentes une occasion favorable de s'offrir à l'adoration des fidèles. Le Prétendant surgit, souleva l'Est marocain, tint en échec les misérables mehallas chérifiennes. Les tribus soumises du Blad el Makhzen, pillées et molestées autant par les bandes du sultan que par celles de l'insurrection, écrasées par des demandes chaque jour plus urgentes d'impôts et de contingents, se mirent à refuser soldats et argent.

Pour faire taire les mécontentements, ce n'était pas assez que le sultan renonçât à son étrange modernisme ; il eût fallu pouvoir les apaiser, abattre le Rogui qui en était le symbole et l'espérance. Le Makhzen hésitait, pressé par la France qui lui conseillait des réformes, quand l'intervention allemande lui rendit toutes ses audaces; fort d'un tel appui et sans souci du lendemain, il revint à sa politique de division, de corruption et d'exactions pour en accroître jusqu'à l'extrême les traditionnels procédés.

L'anarchie devint alors le mode général de l'Empire chérifien. La misère s'étendit, les enlèvements et les crimes se multiplièrent; l'insécurité coupa les routes et gagna jusqu'aux enceintes des villes de la côte. Les rôles se confondirent; on ne sut plus qui était brigand ou fonctionnaire. A Tanger même, ville des représentants des puissances, le soin d'assurer la police au delà des murs, qui appartenait aux « tabors » instruits par nos officiers, passa aux mains du fameux Er-Raissouli qui venait de capturer, peu de temps avant, l'Américain Perdicaris. Le diable s'était fait ermite et c'est à cet étrange policier que fut dès lors confiée la sécurité de la Légation de France!

IV

La politique de division et de corruption, qui est celle du Makhzen à l'intérieur du Maroc, fut aussi celle qu'il appliqua de tout temps vis-à-vis des puissances européennes dont il connaissait et exploitait soigneusement les compétitions et les rivalités.

Les ententes anglo-française et franco-espagnole avaient détruit d'un coup les effets de cette politique séculaire, en plaçant le sultan en face de la seule France. « Le Maroc était perdu, nous disait un personnage considérable du Makhzen, qui pleurait ainsi ses intérêts menacés. La visite de l'Empereur allemand l'a sauvé. Le Maroc en a maintenant pour cent ans! » Et, de fait, l'arrivée subite du Kaiser à Tanger fit refleurir et s'employer plus effrontément que jamais toutes les pratiques de la politique chérifienne. On allait pouvoir opposer à la France, qui menaçait de mort le régime de désordres et d'exactions, l'Allemagne qui venait apporter à ce régime un secours inattendu ; on allait pouvoir acheter celle-ci aux dépens de celle-là, par une distribution judicieuse de concessions d'emprunts ou de travaux ; on allait pouvoir sauver le syndicat d'exploitation qui ne « laisse au peuple que la chemise ».

Nous n'avons nulle prétention à pénétrer ici les secrets diplomatiques, à scruter les intentions de l'Empereur allemand, à rechercher les mobiles qui l'ont décidé, la part — évidemment considérable — qu'ont eue dans ces mobiles les considérations de politique européenne. Nous nous en tenons au côté *strictement marocain* de la question.

La diplomatie allemande se hâta vers son but, précis et étroit : « faire échec à la France », s'en remettant à la fin du soin de justifier ses moyens. Il y eut vite marché conclu ; le sultan fournit des gages : la construction d'un môle à Tanger et l'attribution d'un emprunt de 10 millions de marks ; l'Allemagne, qu'elle le voulût ou non, devint en Europe le soldat du Makhzen.

A cette action directe et que la nécessité de faire vite débarrassait de tous préjugés, cette diplomatie crut devoir joindre quelque habileté et préparer l'avenir. Pendant que des missions allemandes, hâtivement organisées, accouraient vers le Maroc occidental, on signalait une activité inattendue du Makhzen dans le Maroc oriental, sur les confins de nos possessions algériennes. On faisait grand bruit de projets marocains sur Saïda ; on y creusait un port, on y construisait des bordjs et des « forts Rottemburg » que l'on peuplait de chimériques soldats ; et, à quelques kilomètres plus loin, le Prétendant tenait la région d'Oudjda, y narguant les bandes faméliques du sultan ! C'était vraiment se donner beaucoup de peine pour accroître la valeur de ce que l'Allemagne consentirait éventuellement à nous abandonner contre ce qu'elle pensait pouvoir s'adjuger à elle-même dans le vrai Maroc, dans le Maroc occidental.

C'était vraisemblablement aussi se donner une peine inutile. La France, limitrophe du Maroc, qu'elle a pénétré et exploré, en connait, plus qu'aucune autre puissance, les régions et leurs ressources ; de plus, dans toute la zone frontière, sa collaboration avec le Makhzen est réglée par le traité de 1845 et les protocoles de 1901-1902.

Quant au sultan, malgré ses apparentes concessions, il restait soupçonneux, inquiet de cette protection hâtée et un peu lourde ; il accordait à demi, refusait, temporisait, redoutait la fin de l'aventure, n'ayant pas plus de goût pour l'absorption allemande que pour toute autre, particulière ou internationale. Et aujourd'hui que l'accord franco-allemand du 28 septembre vient d'être signé, c'est un spectacle, qui ne manque pas d'ironie, de voir Abd el Aziz obligé à accepter une conférence, qu'il a proposée sans la vouloir, et à solliciter des réformes, que son plus grand désir est de faire échouer. La grâce allemande a touché le Chérif, mais certes bien malgré lui.

Pour le Makhzen, en effet, peu importent les délégations de pouvoir que conférera aux nations contractantes la conférence européenne ; pour lui, la question reste toujours la même et, de fait, au point de vue marocain, elle est après l'accord ce qu'elle était avant et il s'agit toujours de rétablir dans l'Empire l'ordre et la sécurité, indispensables à son développement.

La diplomatie européenne — et nous-mêmes dans nos précédents projets de pénétration — avons toujours considéré comme des réalités ces entités chimériques : le sultan et sa souveraineté, le Maroc et son intégrité, le Makhzen, ses fonctionnaires et son armée. Le premier but à atteindre est donc de donner à ces êtres embryonnaires une existence effective; le second sera de diriger et de contrôler leurs actes. On pense y arriver par l'introduction de réformes financières, par l'organisation de forces de police qui rendront au sultan son autorité et permettront de mettre fin à l'état anarchique du pays.

Ce serait une dangereuse illusion de croire que, sous ce rapport, les choses pourront se régler comme en Crète ou en Macédoine. Le gouvernement de Constantinople existe et l'on peut traiter avec lui; son armée a prouvé récemment en Grèce qu'elle n'était pas quantité négligeable; ses opérations de police sont menées avec une vigueur dont témoigne, hélas! le sang de nombreuses victimes. Il y a en Crète et en Macédoine un parti chrétien nombreux et compact. Insurgés et gouvernement forment deux groupes réels, donnent une situation sinon claire, du moins définie.

Au Maroc, l'inconsistance des tribus, la dispersion et la multiplicité des groupes, la confusion de toutes choses rendent la tâche autrement difficile. Si notre pénétration pacifique, qui eut à sa disposition des mois pour agir, a misérablement échoué, elle le doit, semble-t-il, à l'idée inexacte et incomplète qu'elle se fit de la situation. Elle se préoccupa du seul Sultan et du seul Makhzen, alors que le Sultan et le Makhzen représentent à peine un cinquième du pays; elle parut ainsi, par sa condescendance exagérée envers des fantômes de souveraineté et d'autorité, vouloir se couvrir vis-à-vis de l'Europe, alors que les accords signés étaient considérés comme lui donnant sa liberté d'action. Et, dans ses tentatives, cette pénétration fut outrancièrement pacifique, timorée, dominée par une pusillanimité dont les causes sont du reste d'ordre profond et qui lui fit perdre de vue ces principes de toute action en pays musulman : « persuader, mais se tenir prêts à frapper énergiquement; avoir la force, mais pour la montrer plutôt que pour l'employer (1). » Trop généreuse pour des chefs sans scrupules ni sens moral, trop indifférente vis-à-vis de tribus opprimées ou fanatiques et insoumises, la France n'osa pas se montrer assez puissante pour grouper celles-ci sous son prestige de « grande nation musulmane », pour imposer à ceux-là, avec la crainte de sa force, l'acceptation rapide des réformes indispensables.

Aujourd'hui, comme hier, ce sont les deux mêmes procédés qu'il faut employer pour tirer le Maroc de son état actuel d'anarchie : l'un, de patience, de persuasion et de douceur, doit prendre appui sur la religion musulmane; l'autre, de vigueur et d'énergie, sur des forces suffisantes de police.

Ce sont les confréries religieuses, avons-nous dit, qui sont les véritables directrices des âmes musulmanes; ce sont elles qui sont capables de grouper les fanatiques tribus berbères par les liens qu'elles sont à même de créer et de développer entre ces tribus; ce sont elles qui peuvent les amener progressivement à accepter la pénétration d'étrangers qui ne viendront pas pour attenter à leurs mœurs, à leur religion ou à leurs biens, mais respecteront scrupuleusement leurs traditions, leurs croyances et l'intégrité des lois coraniques, la seule du reste qui ait une valeur réelle au Maroc. L'action des confréries sur les tribus doit donc précéder toute entreprise européenne, quelle qu'elle soit, et c'est cette action qu'il est indispensable de s'assurer par des actes appropriés, par une active protection du culte, par des dons, par une confirmation éclairée et un

---

(1) Commandant Edmond Ferry, *La France en Afrique.*

respect absolu des privilèges des confréries.
« Dans les discussions contentieuses, disait Bonaparte dans les *Mémoires* qu'il laissa en quittant
l'Egypte, l'autorité française doit être favorable
aux mosquées et aux fondations pieuses. Il vaut
mieux perdre quelques droits et ne pas donner
lieu à calomnier les dispositions secrètes de l'administration sur ces matières si délicates (1). »
C'est dire que les réformes à introduire au Maroc
doivent dissimuler leur origine européenne sous
une forme ménageant l'esprit des lois coraniques
et qu'en conséquence, elles doivent être mûre-
ment étudiées et élaborées par des hommes
avertis et expérimentés en ces sortes de questions.

Les forces de police ne seront que le complé-
ment — indispensable, il est vrai — de ce premier mode d'action. Elles s'opposeront aux
incursions des bandes, qui font du pillage un
métier ; elles porteront en elles la menace de
répression, l'indice de puissance et de force, qui
sont nécessaires en pays mahométan. Elles impo-
seront à tous, aux fonctionnaires et même, par
leur seule présence, au sultan et à ses ministres,
le respect des biens, des personnes et de l'application progressive des réformes.

C'est par l'emploi simultané de ce que l'on
peut appeler la manière douce et la manière
forte, par la combinaison habile de l'influence
morale empruntée à la religion musulmane elle-
même et de l'influence positive des réformes et
de « la peur du gendarme », que peu à peu et
progressivement le Maroc se réorganisera, s'uni-
fiera, prendra figure d'un Etat pouvant être régulièrement administré et gouverné.

Nécessairement le sultan devra lui-même être

---

(1) *Loc. cit.*

soumis à cette évolution. Son mauvais vouloir évident, les obstacles qu'il ne manquera pas d'apporter à la mise en vigueur des réformes imposent la nécessité de le convaincre et de le dominer à la fois, comme les tribus. La surveillance étroite dont ses actes et menées devront d'abord être l'objet, la demi-tutelle dans laquelle il faudra le tenir, s'élargiront au fur et à mesure que l'œuvre de réorganisation produira ses effets bienfaisants. Quand le sultan se sera assuré que ses privilèges sont strictement respectés; quand les chorfa et les fonctionnaires constateront les premiers que leurs barakas leur donnent toujours droit aux mêmes honneurs et prébendes, les seconds que leurs appointements leur sont régulièrement payés; quand les Arabes et les Berbères, les commerçants des villes, les agriculteurs des plaines, les pasteurs du pied des montagnes, les sédentaires et les nomades seront certains que leur indépendance intérieure et leur religion sont respectées, que l'accroissement de la sécurité et des échanges commerciaux devient pour eux accroissement de bien-être et de tranquillité, alors d'elle-même une situation nouvelle et normale s'établira; alors il pourra vraiment y avoir un Maroc, un gouvernement, un sultan.

Le point qui peut sembler le plus délicat dans l'application de ce programme est la façon dont pourront s'employer les forces de police.

On n'a cessé de répéter en effet, depuis qu'il est question du Maroc, que toute intervention militaire dans ce pays soulèverait des insurrections formidables, qui coûteraient, pour être réprimées, cent mille hommes et des centaines de millions. Ce sont là exagérations de la presse européenne qui ne valent guère plus que les conceptions d'intégrité, de souveraineté et d'armée marocaines habituellement admises; et il suffirait, pour y répondre, de rappeler d'une part ce que

nous avons dit de l'état de division et de rivalité
des tribus et d'observer de l'autre que de grandes
insurrections ne peuvent tenir devant une répression sérieuse de la contrebande des armes et des
munitions. La guerre au Maroc exigerait, semble-t-il, si l'on prend la précaution de gagner les
chefs religieux, plus de douros pour acheter le
Makhzen et les chorfa que de boulets pour charger
les canons.

Quoi qu'il en soit, le voisinage de nos possessions d'Algérie, où pourrait se propager tout
incendie allumé au Maroc, nous impose plus qu'à
tous autres une sérieuse circonspection. En ces
matières, il nous commande d'être plutôt des
pacifistes *énergiques* que des *violents* aveugles.
Aussi n'envisageons-nous, pour les forces de
police à instituer au Maroc, aucun rôle offensif
ni provocateur.

Il est bon, en pays musulman surtout, où les
années ont passé sans bouleverser les traditions
ni les façons de faire, de ne pas négliger les ensei-
gnements de l'histoire et d'y rechercher les
méthodes, dont les résultats furent les plus sa-
tisfaisants. Or, de tous les souverains du Maroc,
le grand sultan Moulay Ismaïl, qui régna de 1672
à 1727, fut à peu près le seul qui sut y établir et
y faire respecter sa complète autorité. Son armée
était composée de mercenaires (Bouakhar et Oudaïa); en plaine, ils opéraient par colonnes
mobiles qui parcouraient le pays et y maintenaient
l'ordre; quant aux hautes montagnes, ils n'y
pénétraient pas; mais Moulay Ismaïl avait établi,
à leurs pieds, sur les pistes de communications,
ou sur les voies naturelles, de l'oued Noun à l'embouchure de la Moulouïa, une longue ligne de
kasbahs où il avait installé des détachements de
ses troupes. Les Berbères des montagnes peuvent bien y rester enfermés pendant quelque
temps, y garer leur bétail et leurs familles, y

résister victorieusement si on commet la faute
de les y poursuivre, comme nous l'avons trop
souvent fait en Kabylie. Mais si, se gardant de
tout mouvement offensif, on se contente de les
observer à l'abri dans des bordjs, le moment
viendra où la nécessité de vivre, de renouveler
leurs approvisionnements, de cultiver leurs terres
arables, les poussera vers la plaine, les amènera
sur les postes fortifiés où les troupes attendent
tranquilles. Celles-ci reprendront alors tous leurs
avantages ; elles n'auront ni provoqué, ni atta-
qué, elles seront en terrain convenable ; elles
laisseront aller à leurs occupations les tribus qui
se présenteront soumises, mais arrêteront et
combattront, s'il est nécessaire, celles qui auraient
encouru quelques graves reproches ou refuseraient
de venir à résipiscence.

C'est de ce système très habile du sultan
Moulay Ismaïl — système que nous employons
du reste actuellement chez les nomades saha-
riens (1) — que devra s'inspirer le mode d'action
des forces de police. Dans les villes ou leurs banlieues, dans les plaines arabes ou arabisées, leur
rôle sera facile ; de là, leurs postes gagneront peu
à peu le pied des montagnes berbères, les enser-
reront chaque jour de plus près, sépareront les
tribus les unes des autres, localiseront les insurrections possibles, en même temps que les chefs
de confréries agiront sur les insoumis et leur mon-
treront, dans les parties déjà pacifiées, les musulmans vivant, sans la misère d'autrefois, libres de
leur culte et des mœurs de leurs ancêtres.

Aussi importante que soit la détermination
des réformes à introduire au Maroc et des procédés à employer pour leur mise en œuvre, elle
ne peut l'être davantage que le choix de la puis-

____

(1) *Loc. cit.*

sance qui aura charge d'accomplir, dans l'intérêt
de tous, cette œuvre considérable.

Il est tout d'abord nécessaire que cette déléga-
tion soit faite à une, et non à plusieurs puissances. Les ententes diplomatiques, conférences,
conseils de gouvernement ou de guerre, réu-
nions, délibérations, parlottes, peuvent être
excellents pour les besognes de préparation; ils
sont néfastes et destructeurs de tout effet utile
pour les tâches d'exécution, surtout lorsque ces
tâches exigent à certains moments, comme c'est
le cas au Maroc, des actes énergiques, rapides,
presque instantanés, incompatibles avec les len-
teurs des commissions militaires ou civiles. Les
faits d'hier sont là pour justifier cette affirmation
et, sans suspecter les intentions de qui que ce
soit, il est à craindre que la constitution d'un
« Comité international d'exécution » n'offre aux
intrigues du Makhzen l'espoir ou l'occasion de se
glisser par les inévitables fissures qui s'y présenteront.

Il est non moins indispensable que la puissance
déléguée ait une longue pratique des hommes et
des choses du monde musulman de l'Afrique du
Nord, qu'elle ait avec ce monde des points d'at-
tache et sur lui des moyens d'action tout préparés,
qu'elle soit ainsi en mesure d'obtenir et d'utiliser
la précieuse collaboration des chefs religieux des
confréries.

S'il n'est pas douteux que le côté « énergie et
vigueur, manière forte de l'œuvre marocaine »,
exige son exécution par une seule puissance, on
peut tout aussi aisément démontrer que le côté
« action religieuse de persuasion, manière douce »,
exige que cette puissance soit la France.

Nous n'insisterons pas sur les intérêts particu-
liers à la France qui la désignent au choix de
l'Europe. Ils ont été longuement exposés et sont

connus de tous : son commerce est le tiers environ du commerce général du Maroc, alors que
l'Allemagne, par exemple, n'en possède que le
dixième à peine; elle est héritière des droits de
l'Angleterre, qu'elle a achetés et loyalement payés;
elle est d'accord avec l'Espagne, directement inté-
ressée dans la question, et avec l'Italie, puissance
méditerranéenne; elle a déjà esquissé au Maroc
une œuvre de pénétration généreuse, qui s'est
traduite par l'établissement de services médicaux
dans les ports, par l'instruction de troupes qui
ont rendu aux Européens les plus signalés services, par l'organisation de nombreuses missions
d'exploration, dont ont profité la science et le
commerce de toutes les nations.

Elle est, sur une immense étendue, puissance
limitrophe de l'Empire chérifien et tient de cette
situation des droits et des devoirs qui dépassent
de beaucoup des questions particulières de police
dans l'Est marocain. Le Maroc d'aujourd'hui,
anarchique et impuissant, peut être une gêne,
mais n'est pas un danger aux portes de ses possessions algériennes. Un Maroc dépendant d'une
autre puissance lui constituerait au contraire, en
cas de conflit européen, une frontière du Rhin
africaine; réorganisé et fort, mais échappant au
contrôle particulier de la France, il serait encore
pour elle une menace permanente, un instrument
admirable entre des mains étrangères pour soulever contre elle, au moment opportun, les populations de son domaine nord-africain. Maroc,
Algérie, Tunisie, communiquent facilement entre
eux, forment entre la Méditerranée, l'Atlantique
et les sables du désert une sorte d'île, dont toutes
les parties se tiennent. Des forces anglaises en
Egypte, des forces turques ou italiennes en Tri-
politaine ne nous y menacent pas. En peut-il être
de même pour le Maroc, et n'est-ce pas peut-être
cette raison qui nous le fait disputer si âprement?

Mais considérons les intérêts généraux des puissances ; examinons qui dispose de l'influence et des moyens nécessaires pour faire exercer sur les tribus cette pression morale, qui constitue la base de toute tentative européenne de réorganisation du Maroc.

L'apparition de la France il y a plus de cent ans, dans la vallée du Nil, sa présence bientôt séculaire en Algérie, les erreurs mêmes qu'elle y a commises, sa prise de possession du Sénégal et du Soudan, l'ont, en même temps qu'instruite dans le maniement des affaires musulmanes de l'Afrique du Nord, pourvue des armes propres à en résoudre les difficultés. Elle est en relations avec les chefs des grandes confréries qui détiennent au Maroc la véritable autorité ; elle en subventionne certains, en protège d'autres comme ce chérif d'Ouazzan qui obtint naguère la mise en liberté des officiers anglais capturés près de Ceuta ; elle permet et facilite à tous ces chefs la récolte des offrandes sur ses immenses territoires ; ce qu'elle fait pour eux en Algérie leur est garant de ce qu'elle fera à leur égard au Maroc. Car pour ces chorfa il n'est point de frontière ; ils vont et étendent leur action dans toute cette Afrique du Nord où la France a pris rang de « grande puissance musulmane » ; ils sont, pour cette puissance et pour sa politique, des intermédiaires naturels et en grande partie déjà gagnés à sa cause.

La politique musulmane dont peut se targuer l'Allemagne, et que nous ne contestons pas, présente au contraire un caractère et des antécédents qui ne peuvent que l'éloigner du Maroc et des confréries religieuses du Nord africain. Cette politique s'est formée et développée en Turquie et en Asie Mineure, où les espérances et les intérêts allemands sont considérables ; le Kaiser est le protecteur du Sultan de Constantinople et, de ce fait, il ne peut être celui du Sultan de Fez. Car,

Musulmans du Maroc, de l'Algérie ou du Centre africain tiennent le Turc pour un ennemi et un usurpateur; c'est vers Fez qu'ils tournent leurs regards pour en recevoir un reflet de la puissance du Prophète et c'est face à la Mecque qu'ils se prosternent en longs salams. Bonaparte, qui remua en 1798 tout le monde musulman du Maroc à la Syrie, l'avait bien compris quand il se donnait comme but d'opposer la Mecque à Constantinople. « Le chef de la religion musulmane, s'écriait-il, est notre ami le Chérif de la Mecque. » Et cette déclaration lui avait concilié la sympathie des populations et des rois de tout le littoral méditerranéen. L'Allemagne a pu être acceptée par le sultan du Maroc et le Makhzen aux abois, comme une aide précieuse, capable de les soustraire aux réformes nécessaires; mais, si son jeu durait et qu'elle voulût faire sentir son action aux tribus et aux confréries, elle s'y heurterait à une opposition religieuse autrement farouche que celle que rencontrera jamais la France.

Que l'Europe consente à dégager le problème marocain des complications qui l'obscurcissent, que l'Allemagne s'inspire de sa politique traditionnelle, que la raison en un mot reprenne ses droits, et nous avons la ferme conviction que, conformément aux lois de l'histoire, de la logique des faits et de l'intérêt général, la France recevra mandat d'organiser le Maroc et de l'ouvrir à l'émulation pacifique du commerce de toutes les nations.

(novembre 1905.)

———◆———

PARIS. — IMPRIMERIE F. LEVÉ, RUE CASSETTE, 17.

PARIS. — IMPRIMERIE F. LEVÉ, RUE CASSETTE, 17.